ACADÉMIE DES JEUX FLORAUX.

ÉLOGE

DE

M. SAUVAGE,

Lu en séance publique le 4 Février 1877,

Par M. le Cte Félix de SAMBUCY-LUZENÇON.

TOULOUSE,
Imprimerie Louis et Jean-Matthieu DOULADOURE,
Rue Saint-Rome, 39.

1877

ACADÉMIE DES JEUX FLORAUX.

ÉLOGE

DE

M. SAUVAGE,

Lu en séance publique le 4 Février 1877,

Par M. le Cte Félix DE SAMBUCY-LUZENÇON.

TOULOUSE,
Imprimerie Louis et Jean-Matthieu DOULADOURE,
Rue Saint-Rome, 39.

1877

ÉLOGE DE M. SAUVAGE,

Messieurs,

Reproduire, par la peinture, les traits d'une personne présente en réalité ou en souvenir, n'est pas toujours la difficulté pour l'artiste. Le modèle étant là sous les yeux, et les contours fixes, arrêtés, de sa forme extérieure guidant la main qui tient le pinceau, chacun peut, à sa manière, tirer du personnage une copie plus ou moins exacte, plus ou moins finie dans les détails.

Mais l'être intérieur, l'être intime, ce je ne sais quoi d'immatériel et d'insaisissable qui palpite sous l'ensemble, qui se sent partout et ne se touche nulle part, — la *physionomie*, — voilà bien le trait difficile à saisir, et ce qui, trop souvent, déconcerte les efforts d'une affection jalouse de conserver ou de transmettre cette autre moitié, cette portion subtile de nous-même.

Or, si la difficulté est grande de rendre la

physionomie sur un visage, plus grande n'est-elle point encore pour le portrait moral seul, dans la peinture exclusive de l'esprit.

Et, si cet esprit fut des plus fins et des plus délicats, doué de toutes les souplesses, de toutes les élégances de l'imagination et de la pensée, d'un exquis atticisme, celui de l'écrivain ou du causeur le plus en verve, sans cesser d'être le plus indulgent, — la tâche ne devient-elle pas vraiment désespérante pour celui qui voudrait faire revivre l'homme tout entier?

Telles étaient les réflexions qui se présentaient et les perspectives anxieuses qu'elles ouvraient à notre responsabilité lorsque des voix amies, interprètes d'une extrême bienveillance, ont voulu nous confier, dans l'Eloge de M. Sauvage, l'accomplissement du devoir de confraternité académique.

Heureusement, avec l'appel nous arrivait le secours... C'était la fidélité du cœur, l'image du passé, au temps où, admis dans l'intimité de celui que nous pleurons, associé au partage de ses trésors intellectuels, nous avions tous les profits d'un inégal échange.

Dès lors, Messieurs, j'ai compris que j'aurais moins à me préoccuper de mon insuffisance qu'à m'inspirer du ressouvenir... — et je me sentais ainsi plus rassuré et plus fort pour répondre à l'honneur que l'Académie venait de m'accorder.

Toutefois, en essayant de faire revivre ici notre digne et si regretté confrère, mon intention ne serait pas de retracer une biographie, de raconter cette vie dans ses moindres détails, en passant par toutes les phases d'un ordre chronologique; ce que je voudrais, ce serait moins une histoire qu'un portrait, moins des faits qu'un caractère; représenter en un mot, dans un cadre restreint, mais sous une certaine vue d'ensemble, cette personnalité attachante : — comme celui qui, dans un lieu solitaire, se promenant autour du buste d'un ami, le considérerait, à loisir, en la variété et l'imprévu de ses aspects, tantôt sous le rayon du soleil qui brille, tantôt sous l'ombre du nuage qui passe...

Continuant donc, au moyen d'une illusion aimée, les jouissances du tête à tête d'autrefois, conversons avec *lui* encore, afin de l'écouter le plus lomptemps possible.

Dans tout travail littéraire, ou se rapportant à un personnage littéraire, — laissez-moi l'avouer, Messieurs, dès le début, — les chiffres, les dates, les nomenclatures ont toujours eu, pour nous, un attrait médiocre... Il nous semblait que ces divisions et subdivisions ne servaient qu'à amoindrir, à dépoétiser le personnage en le traitant comme les femmes de Thessalie traitèrent jadis Orphée, c'est-à-dire en le mettant en pièces et morceaux : « *Disjecti membra poetæ.* »

Mais voyez donc la fatalité!... Je repousse, je veux éviter les dates et voilà que tout aussitôt une date surgit, et, immédiatement, m'impose l'obligation de consigner celle qui vit naître notre confrère... C'était précisément l'année qui, vers la fin du siècle, arrivait entre la convocation des Notables et la réunion des Etats Généraux, celle qui préparait 89...

Quatre-vingt-neuf!... Quelle date, et comment la passer sous silence? Comment ne pas s'arrêter, le cœur agité de mille émotions diverses, devant ce grand, ce magnifique mouvement de tout un peuple qui répond à l'appel de son Roi et s'élance vers l'avenir, sans renier le passé?

Quatre-vingt-neuf!... Réveil inouï, heure providentielle qui aurait tout sauvé....; si la France alors avait pu être sauvée... Et, elle aurait pu l'être, par cette main droite, — *dextrâ*, — par cette main royale, loyalement tendue, si, entre le père et ses enfants, l'homme-ennemi n'était venu jeter son cri de révolte et donner le signal de ce trop fameux serment, devenu le plus néfaste des parjures.

Quoi qu'il en soit, cette date (sous sa double face de Janus), — d'une importance si considérable sur les destinées de la France et du monde, ne nous a jamais paru exercer une influence très-directe sur M. Sauvage; — et lui-même n'y attacha point, que je sache, la valeur d'une pression particulière ou personnelle.

Faudrait-il s'en étonner? Je ne le pense pas : — Cet esprit juste, conciliant, affranchi des préjugés, ne repoussait aucune tradition, aucune gloire de bon aloi. — Il n'était point de ces niveleurs intraitables, contempteurs de notre histoire et de nos grandeurs fécondes; et s'il professa jamais un culte d'admiration, je devrais dire : d'amour... ce fut assurément pour le grand siècle, pour cette *seconde Antiquité*, comme il se plaisait à le nommer lui-même...

Oui, il aimait ce xviie siècle, et il avait raison..... Par une affinité naturelle, par un bon goût instinctif, par une secrète et rétrospective intuition, il devinait que, sous ce règne, dans cette cour, dans ces hôtels armoriés, dans cette société d'élite, il aurait eu ses entrées libres et ses coudées franches...

Et ici, Messieurs, n'aimez-vous point à considérer notre charmant académicien, bien et dûment installé dans le *Salon bleu* de l'*Incomparable Arthénice*, — en compagnie de Balzac, de Conrart, et de tous les beaux esprits du temps; — et après avoir avec eux travaillé à la couronne de la mère, travaillant à celle de la fille, — à la *guirlande de Julie*..., puis, plus tard, dans d'autres salons plus animés, à Versailles par exemple, au grand foyer du théâtre de la Cour, — échangeant les fines remarques avec Boileau, Molière, Racine, la Fontaine; — mais sans perdre de vue, ici encore, les femmes d'esprit, les Longueville, les Sévigné, les Lafayette; — car, vous le savez, il ne sépara jamais du sexe fort le sexe aimable; pas plus que du divin Apollon lui-même, les Muses et les Grâces...

On n'en saurait donc douter : notre éminent confrère eût bientôt affirmé sa valeur et conquis son droit de cité au milieu d'un monde qui réunissait tous les rangs, les hommes d'épée et d'Eglise, les hommes d'Etat et de plume, et accueillait les lettrés comme un élément essentiel de plaisir.

Peut-être, en me soupçonnant d'exploiter les opinions littéraires d'un homme dans le but de préjuger ses opinions politiques, quelqu'un serait-il tenté de me faire à moi-même un procès de tendance; mais, l'excuse ne sera-t-elle pas toujours dans le désir de ne négliger aucuns détails et dans l'obligation de saisir les moindres nuances, quand il s'agit de pénétrer toujours un peu plus avant dans l'étude et la connaissance d'un confrère aimé?

« J'ai, disait-il, un goût si prononcé pour la dis-
» tinction du sang, l'élégance du langage, la politesse
» des mœurs et la bonne grâce des manières, que ce
» goût est presque devenu, chez moi, — un principe,
» — et que je ne suis pas sûr de n'avoir point les
» préjugés aristocratiques... »

Vous l'entendez? Ne donne-t-il pas gain de cause à celui qui le nommait un *Patricien* de la littérature?

Et nous, Messieurs, en définitive, ne savons-nous pas que les catégories diverses du bien, du beau, se tiennent, et que l'aristocratie de l'intelligence marche l'égale de l'autre, — lui serait même supérieure, si elle avait exclusivement pour elle la noblesse du cœur et l'éclat des vertus?

Après avoir contesté l'influence fatidique d'une date de naissance sur les idées d'un homme, nous ne jugerons pas moins contestable l'influence des milieux, dont on a tant usé et abusé de notre époque.

M. Sauvage est venu au jour en plein Limousin, c'est-à-dire dans cette province qu'on appela longtemps — la Béotie de la France... Or, vous savez si notre spirituel collègue fut jamais, ou se ressentit jamais, d'une Béotie quelconque... et, si, tout au contraire, il ne se montra pas toujours un véritable et très-pur citoyen d'Athènes; — ou, mieux encore, un Romain du temps d'Auguste; heureux de se promener, sur la voie sacrée, au bras de Cicéron, de Virgile, d'Horace, et devisant avec ces personnages, d'une foule de jolies choses, graves, légères,
— « *Nescio quid meditans.* »

Ce goût, cette passion de l'antiquité classique, grecque ou romaine, s'était manifestée de bonne heure; et, se continuant, trouva largement à s'exercer, pendant les années de professorat qui marquèrent pour lui une grande partie de la durée du premier Empire.

Ce fut peu de temps avant la Restauration que notre bonne fortune conduisit M. Sauvage dans notre ville; il l'adopta alors pour sa patrie et ne la quitta plus. C'est ainsi que, pendant soixante-cinq années, il a vécu de notre vie, compté autant d'amis que d'élèves, et prodigué à nos pères et à nous-mêmes tous les trésors de son âme et de sa pensée. Vers la fin de la Restauration, la Faculté des lettres l'avait présenté, en première ligne, au choix du ministre; le nouveau pouvoir n'eut qu'à confirmer ce choix, en le nommant définitivement professeur de littérature latine à la Faculté de Toulouse.

Vous dire, Messieurs, tout ce qu'il a dépensé de sagacité, de curiosité heureuse, *curiosa felicitas*, dans ses cours sur ses auteurs favoris, serait rappeler froidement et d'une manière bien pâle, ce qui est resté dans la mémoire de tous. — On sentait là le raffiné du dilettantisme antique, vivant de plain-pied avec ses dieux, et savourant sur les hauteurs le nectar et l'ambroisie.

On sait aussi les soins scrupuleux, le sentiment du devoir qu'il apportait à ses leçons. Les entassements, les véritables montagnes de livres derrière lesquels il se retranchait et parmi lesquels on avait souvent de la peine à le découvrir, effrayaient par la pensée de tout ce que devait lui coûter de consciencieux travail et de recherches approfondies le moindre de ses cours.

Ce fut vers cette époque, quelques années après

la révolution de Juillet, qu'il nous fut donné de faire la connaissance de M. Sauvage et d'inaugurer ces relations pleines d'aménité, sincères, qui, se resserrant chaque année, forment une part de nos meilleurs souvenirs. Admis dans son amitié malgré la différence des âges, donnant peu, — recevant beaucoup, — je puisais largement dans ce fonds si riche d'expérience, d'affection et de souvenirs : héritage pour moi doublement précieux aujourd'hui, puisqu'il m'est permis, Messieurs, de le partager avec vous.

Bientôt, M. Sauvage fut nommé doyen de la Faculté des lettres. Il succédait dignement à un professeur d'un grand mérite et fort aimé, M. Cabantous. Ces nouvelles fonctions l'obligeaient à présenter, tous les ans, le compte rendu des travaux de la Faculté. De ce froid exposé il fit un discours éloquent ; et vingt-deux fois, pendant presque un quart de siècle, dans cette ingrate besogne que l'on nomme un rapport officiel, tout hérissé de calculs et de documents arides, il trouva le secret de rajeunir sa thèse et de plaire à un public d'élite, par le renouveau des aperçus, la fraîcheur des images et la limpidité soutenue du style... Il est vrai qu'une humoristique boutade venait, de temps en temps, le dédommager d'une compression pénible, à l'endroit des chiffres :

« La Statistique ! (s'écrait-il alors) — ne dirait-on
» pas le monde de Pythagore qui a tout arrangé
» avec des nombres, ou — celui d'Epicure qui a tout
» ajusté avec des atomes... »

Ces discours de rentrée montrent son dévouement à la jeunesse, l'aménité de son âme, sa philosophie sereine et naïve ; — je ne sais quelles exhalaisons embaumées de douceur et de paix semblent s'échapper de leurs pages... Il y a là bien plus que le souvenir et le culte de l'antiquité ; nous avons cru y retrouver l'antiquité elle-même, se reproduisant par un caprice du hasard, sous une plume contemporaine, et nous en cherchions les vestiges, avec l'empressement avide qu'on mettrait à découvrir quelques épîtres égarées de Pline ou de Cicéron.

L'amour de M. Sauvage pour la jeunesse était, tout à la fois, le dévouement éclairé d'un père et l'affection tendre d'une mère. L'enfance, l'adolescence le charmaient, comme tout ce qui porte avec soi la vie, la grâce, la force ; et, lorsque à ces priviléges de l'âge venaient se joindre la pureté, la candeur, et qu'une sorte d'auréole rayonnait autour de ces jeunes fronts, il était heureux de répéter en lui-même le vers du poëte :

Gratior et pulchro veniens in corpore virtus.

Ces accents d'un cœur, presque maternel, atteignaient souvent la note émue et poétique :

« Venez, venez, jeunes gens, afin que, au milieu
» de vous, je puisse encore aspirer les parfums
» et les souffles de quelques-uns de vos prin-
» temps... »

Et puis, cette manière fine, délicate, un peu coquette et si gracieusement habile, de réclamer, de retenir des auditeurs :

« Quelle que soit notre ambition, nous ne sau-
» rions vous être utile autant que vous nous êtes
» nécessaires, car, vous le savez, — l'attention de

» celui qui écoute, a dit un charmant penseur, —
» sert d'accompagnement dans la musique du dis-
» cours... »

Une autre fois, c'étaient les mêmes invitations, les mêmes instances, mais avec un tour nouveau :

« Celui qui va au soleil, dit Sènèque, s'en re-
» tourne tout coloré, quoiqu'il n'y soit pas allé pour
» cèla... Vous n'aurez qu'à laisser faire, le phéno-
» mène s'accomplira sans même le concours de
» votre volonté ; et vous rentrerez, chez vous, tout
» colorés...

» Comment se fait-il donc, quand l'accès est si
» facile, et qu'il n'y a qu'à poser pour recevoir
» une empreinte, que si peu d'entre vous viennent
» chercher cette coloration et ces parfums de l'es-
» prit?... »

Nous demanderons, à notre tour, comment des paresseux en si grand nombre pouvaient rester sourds à cette voix? Se méfiaient-ils du chant de la sirène, quand ils n'avaient à encourir que profits et plaisir?

Rendons enfin cette justice à l'éminent professeur : pour lui, l'orateur, l'écrivain, n'étant pas seulement un artiste, mais un magistrat, — la littérature une profession, mais un sacerdoce, — il avait le soin de rattacher constamment l'enseignement de l'esprit à la formation du cœur.

Si M. Sauvage sut environner d'un vif éclat la chaire du professeur, sur laquelle ne venait jamais s'asseoir à côté de lui le pédantisme, il n'éleva pas moins haut le fauteuil de l'académicien, au sein de nos Sociétés savantes.

L'Académie des Sciences, impatiente comme ses

sœurs de voir arriver un tour de lecture qui lui promettait des jouissances, toujours nouvelles, avait hâte d'enregistrer dans ses annales, le document précieux où la critique littéraire venait compléter la critique historique et la rehausser de ses charmes.

Au milieu de ces trésors d'un tribut annuel, les savants, comme les lettrés, remarquèrent l'explication d'un passage de l'épître aux Pisons, dans lequel l'auteur, au sujet de deux mots, fait preuve d'une sagacité sans égale; à tel point que, réfutant les maîtres les plus autorisés et revenant sur ses propres idées et assertions premières, il rétablit le vrai sens des termes en litige, — s'aidant des rapprochements de l'histoire, des usages romains, des mœurs publiques, des considérations empruntées à la valeur littérale des mots eux-mêmes; et enfin à l'une des données les plus importantes de la comédie.

En dehors de l'Académie des sciences, M. Sauvage était revendiqué par une autre Société, désireuse, elle aussi, de bénéficier de ses travaux et de ses lumières : c'était la Société archéologique. Chose étrange cependant : cette Société était, je crois, la seule aux séances de laquelle notre confrère semblât reculer devant la tâche réglementaire. Comme si l'Archéologie n'avait trait qu'aux monuments bâtis par la main des hommes, aux constructions antiques, ou à celles du moyen âge, il oubliait, avec trop de modestie, qu'elle embrassait bien d'autres sujets encore : — témoins ces mêmes mémoires, si riches de faits et de recherches, dont il venait de donner les prémices ailleurs.

Au surplus, ces preuves de connaissances techniques et positives n'étaient point indispensables à la validation de ses titres; car il possédait naturellement ce qui parfois supplée aux longues et laborieuses investigations, je voudrais dire : le sens *archéo-artistique.*

Il m'était facile, Messieurs, d'en juger, dans ces agréables, mais trop courtes promenades, qui marquaient le retour de nos réunions académiques, depuis le Capitole jusque dans le quartier de la ville qui nous était commun à l'un et à l'autre; et, presque chaque semaine, ces moments renouvelaient les attraits d'une causerie dirigée par le maître le plus aimable.

Ainsi, le soir, dans ces rues tortueuses de la vieille cité toulousaine, le long des tourelles et des clochetons noircis de la renaissance; sous les clartés douteuses d'un éclairage (qui ne valait jamais à nos yeux celui d'un beau clair de lune), — notre ami se plaisait à sortir du temps présent et à se transporter, en nous y transportant nous-même, dans les âges du passé, — *au bon vieux temps jadis..* ; et alors avec sa vive imagination et cette faculté compréhensive, instinctive, dont nous avons parlé, il évoquait une série de tableaux et de scènes d'une piquante originalité : — celle, entr'autres, qui lui avait fait imaginer, sur le devant d'une boutique du seizième ou du dix-septième siècle, (que j'aperçois d'ici), — une bonne et honnête figure d'Echevin; sorte de Maître Guillaume; — très-huppé et jamais dupé, celui-là; — escomptant l'avenir; aspirant de loin les honneurs du capitoulat; et saluant, en sa propre personne, v fondateur d'Ancêtres...

La place distinguée qu'occupait M. Sauvage dans les Sociétés savantes et la juste influence qu'il y exerçait, devaient, tout naturellement, le conduire à l'Académie d'Isaure ; et c'est là, on doit le reconnaître, qu'il occupait le rang le plus conforme à ses goûts, le plus convenable à ses aptitudes.

L'entrée de M. Sauvage à l'Académie fut brillante. Il l'inaugura par un discours qui valait, à lui seul, un long ouvrage, substantiel, coloré, nourri d'érudition et d'ingénieux aperçus, marqué au coin de l'éloquence. Le sujet choisi était : — *L'influence salutaire des Anciens, dans le domaine des Lettres, sous le double rapport de la Morale et de la Société :* — et, évidemment, ce discours résumait la poétique de l'auteur.

Cependant, des préférences, si hautement avouées, ne le rendaient point exclusif. N'étant pas de ces gourmets qui se font, une fois pour toutes, leur menu, choisissent dans deux ou trois siècles, trois ou quatre génies qu'ils s'assimilent par d'incessantes lectures, et rayent d'un trait de plume leurs contemporains, — il sentait que, après les grandes commotions du siècle, notre état moral appelait une littérature nouvelle, non étrangère aux deux littératures précédentes, mais n'acceptant pas entièrement leur héritage... La poésie anglo-saxonne, elle-même, avec sa saveur étrange et ses énergiques beautés, ne l'épouvantait pas à l'excès ; et si, de temps à autre, elle l'étonnait quelque peu, cet étonnement ne devenait jamais le dédain de « Monsieur de Voltaire, » renvoyant aux matelots de la Cité le poëte de Juliette et d'Ophélia...

C'était, Messieurs, au milieu de ces incessantes et

graves occupations que M. Sauvage méditait un autre genre de travail qui devait être le complément des précédents ouvrages, tromper les tristesses d'une retraite prématurée, occuper sa verte vieillesse, — *cruda deo viridisque senectus,* — et marquer le couronnement de son édifice littéraire :

« Je songe depuis longtemps, disait-il, à laisser,
» non pas une de ces œuvres où tout se tient et
» s'enchaîne, où *tout marche et se suit,* comme dit
» Boileau; — un *livre* en un mot (j'ai l'haleine
» trop courte pour cela); mais un genre d'écrit, où
» je serais délivré de ce qu'il y a de plus difficile,
» — des transitions..., où j'aurais autant d'occa-
» sions de respirer qu'il y aurait de pages, qu'il y
» aurait de lignes; qu'on laisse quand on veut,
» qu'on reprend quand on peut... »

A ces aveux pleins d'abandon, on a deviné le livre des *Pensées* : les *Pensées,* l'œuvre capitale de M. Sauvage, le livre dans lequel, observant les conditions de ce genre si français et qui ne souffre pas la médiocrité, il devait, plus intimement faire entrer, condenser le rayonnement de son esprit et la chaude expansion de son cœur.

Mais avant d'en parler, relevons ce passage : « *J'ai l'haleine trop courte,* » dit-il. Etait-ce complétement vrai? Nous sommes tentés d'en douter. Peut-être cela s'appliquerait-il à ces mots, sans valeur propre, avec lesquels un écrivain s'amuse, en attendant *l'idée,* ou s'occupe à cimenter les blocs de son édifice : — quant à ceux qui tiennent la pensée enfermée en leur sein, on verra si le nôtre savait l'en faire jaillir, et s'ils étaient soumis à la voix du maître.

Ici nous revient en mémoire un petit fait, qui ne s'écarte point de notre but.

En tête d'un très-vieux manuscrit, se trouvait le portrait de celui qui avait composé le livre, — *penseur* et *poète* tout à la fois : — et, sous l'image de l'auteur, un autre poëte avait écrit ce distique :

Os, oculos, pictor meditantis reddidit : aptum
Ingenii munus fingere solus amat.

Ce que nous nous permettions de traduire ainsi : « Le peintre a rendu les traits du penseur : — mais » le penseur seul a su peindre son génie. »

Eh bien, je me demande si les mêmes vers, dans la seconde moitié du moins, ne rencontreraient pas aussi leur place et ne devraient pas figurer en tête du *Livre des Pensées*.

Le portrait physique, nous n'avons point à le faire, chacun de nous se rappelant et voyant encore cette physionomie vive, animée, sympathique; ce front découvert, ce petit œil noir, si pétillant; ces cheveux relevés ou abandonnés à leur pli — *ingenio suo*; cette voix grêle et vibrante qui donnait le signal du ralliement à ses chers élèves; ces lèvres au gracieux sourire, et parfois aussi se serrant d'une autre façon, pour lancer le trait à l'assistant tapageur, ou à l'écolier mal appris. Tout cela, nous n'avons pu l'oublier.

Mais le portrait moral, à quel peintre sera-t-il permis de le faire? La réponse est facile : ce sera à M. Sauvage lui-même et à lui seul; son livre étant là, pour nous initier au plus intime de son être.

Un tel livre cependant ne s'analyse pas, attendu qu'un recueil de pensées est toujours plus ou moins sujet à cette *ondoyante mobilité* de l'esprit humain, dont Montaigne veut qu'on se méfie, même pour lui.

S'ensuivrait-il qu'il manque d'unité? — Assurément non : et, de même que, dans Pascal, on trouve, comme caractère distinctif, la faiblesse originelle de l'Homme; — dans la Bruyère, sa vanité; — dans la Rochefoucauld, sa perversité; — dans Vauvenargues, sa noblesse acquise; — dans Joubert, la délicatesse infinie des ressorts qui le font agir : — de même aussi retrouve-t-on chez notre penseur toulousain un cachet qui lui est propre et constitue sa physionomie : c'est suivant le mot d'un critique, déjà entrevu (1) : « *Sa qualité de lutteur aimable,* » *et un peu fantaisiste, contre les préjugés mondains,* » *au nom de la vérité et du bon sens...* »

On ne saurait mieux dire, ce nous semble; et le vrai, la note juste sont là.

Nous n'essayerons pas d'analyser ce livre : c'est convenu : un beau livre se raconte à peu près, comme une belle musique... Mais sera-t-il possible de résister à l'entraînement de quelques courtes citations, et de ne point aller droit à ces pages qui s'ouvrent toutes seules, et viennent se placer, comme d'elles-mêmes, sous les doigts et sous les yeux du lecteur?

L'*Esprit*, — le *Cœur*, — les *Femmes*, — trilogie indivisible, et qui encadre si harmonieusement, — la femme, entre l'esprit qu'elle éveille et le cœur... qu'elle agite... Mais, voyons d'abord l'*esprit* :

(1) Cuvillier-Fleury.

« Je n'aime pas l'esprit jeté comme une flèche :
» — un trait si vif et si profond m'éblouit sans
» m'éclairer, semblable à l'étincelle qui traverse
» tout à coup un ciel serein et que rien ne suit,
» comme rien ne l'avait précédé..... Il y a quelque-
» fois, au contraire, beaucoup d'intérêt et de charme
» dans l'embarras d'un esprit qui s'attend, et qui, se
» rendant peu à peu maître de son émotion, se donne
» insensiblement une chaleur douce et continue. »

Et, cependant, Messieurs, le sien n'avait guère besoin d'attendre... ; — ou, s'il attendait, *toujours il voyait venir...* — Je soupçonne donc ici beaucoup de générosité ; ou plutôt, je reconnais toujours la même bonté compatissante, en faveur des esprits — en retard.

Passons au chapitre du *cœur* :

« Il est des instruments qui se perfectionnent par
» les sons mêmes qu'ils rendent... Tel est le cœur
» de l'homme : plus il est éprouvé, plus il devient
» mélodieux. »

Il serait malaisé de finir, si l'on voulait citer ce qui est digne de l'être, et nous risquerions fort d'imiter le cardinal de Beausset qui, ayant eu la pensée d'extraire du *Traité de l'éducation des filles*, pour l'enchâsser dans son *Histoire de Fénelon*, ce qui lui avait paru avoir un caractère plus marqué d'agrément ou d'utilité, en était venu à transcrire l'ouvrage tout entier.

Je passe donc, à la hâte, à travers ces citations qui me sollicitent, au milieu de ces séductions qui m'entourent, et essaie de m'y soustraire comme je puis... Mais voici la *femme* qui se présente, réclamant sa part des *pensées* : Devons-nous la refuser, cette part si légitime, et ne point la lui décerner au nom du moraliste inspiré par elle?

« Au moment où je vais écrire quelques pensées
» dont les femmes sont l'objet, je ne puis me défen-
» dre d'une certaine appréhension..... J'ai peur de
» ressembler à l'inexorable savant qui détache froi-
» dement une fleur de sa tige, la dessine sans émo-
» tion, la dissèque sans pitié et l'enferme ensuite,
» ainsi défigurée et flétrie, dans l'un des plis de son
» herbier. »

« L'idée de la *femme*, ajoute-t-il, — répond à
» toutes les perfections de l'âme et du corps, à tout
» ce qu'il y a de plus doux et de plus beau, de plus
» tendre et de plus dévoué, de plus sublime quel-
» quefois et de plus héroïque. »

Aux accords d'une lyre, tout d'abord montée à ce diapason, n'allez pas croire que le ravissement et l'enthousiasme président seuls aux chants du poète; non, la vérité austère vient parler à son tour, et l'auteur nous fait bientôt songer à l'abeille de l'Hymette, laquelle, ardente à produire le miel, ne néglige pas de faire, entre temps, sentir la pointe du dard... Mais faudrait-il se plaindre? Le remède est dans la blessure elle-même.

En considérant, dans cette sorte de voyage psychologique, la *femme*, — comme jeune fille, comme épouse, comme mère, — notre philosophe ne pouvait oublier la femme antique, la femme païenne. Et ici, j'en conviens, certains côtés peut-être, certains détails se montrent-ils légèrement à découvert... Mais n'appuyons pas outre mesure : la pénombre qui les laisse entrevoir est si discrète, les tons si aériens, le voile si délicatement étendu, que l'on est presque tenté de les juger suffisamment gazés.

Honni soit donc qui mal y pense, — et disons de tous ces petits détails, — qu'ils sont chastes à la manière de la statue antique; — bien que celle-ci doive un peu de son innocence à la blanche pureté du Paros et à la froideur du marbre dont elle est formée.

Cette douceur particulière de cœur, envers la moitié, la plus belle, du genre humain, n'empêchait nullement M. Sauvage d'étendre ses regards vers une portion, plus nombreuse encore de notre pauvre humanité, vers celle qui porte le poids de la misère et de la souffrance...

Un sentiment naturel devenait alors une vertu, et la tendresse faisait place à la charité :

« Ce qui importe, c'est que, dans la fuite de
» nos jours, plus ou moins vite évanouis, la *pitié*
» ait souvent mouillé nos yeux et que nous ayons
» senti battre notre cœur pour les misères de cette
» vie et les espérances de l'autre. »

Ces paroles, Messieurs, ne nous amènent-elles pas, de plain-pied, sur le terrain du sentiment noble, pur, grand par excellence, — du *sentiment religieux!*... et, en reconnaissant les échelons qui ont logiquement porté le moraliste à cette hauteur, ne devons-nous point aboutir, avec lui, à la transfiguration pleine et entière de ses *Pensées ?* — Ecoutons le chant du cygne :

« Un des plus merveilleux rapports de la Religion
» avec les destinées de l'homme, c'est que, le plus
» souvent, elle vient à nous, comme les amitiés
» fidèles, à l'occasion d'une épreuve. — Et rien ne

» prouve mieux la divinité de l'Evangile que le
» grand caractère d'humanité dont il est revêtu ; —
» il n'y avait qu'un Dieu qui pût être *Homme* à ce
» point... »

Arrètons-nous, Messieurs, sur ce cri de l'âme...
celui qui l'a fait entendre a pu venir dans des jours
mauvais, dans des temps où la tradition religieuse
était brisée; il a dû voir, à côté de lui, passer
l'ignorance et le doute; cet homme qui a ressenti
de telles émotions et les a exprimées en un si beau
langage, était — *naturellement chrétien.*

Ne soyons donc pas surpris si, à l'heure suprême,
dans la lutte de cette intelligence avec la mort, —
au milieu des larmes, des prières d'une famille qui
compte des cœurs d'élite et des anges du Sanctuaire,
— un mot revenait sur les lèvres de notre ami :
c'était le nom de la suave et douce apparition de
nos montagnes, de la Vierge des Pyrénées, de Celle
qui, toujours, se montre comme un gage d'espérance.

Monsieur (1),

Il y a plusieurs mois déjà : — par un hasard d'autant plus intelligent, à mon avis, qu'il me servait à souhait, — l'Académie des Jeux-Floraux avait bien voulu me confier l'examen d'un livre relatif à l'Académie du département de la Corrèze.

Là il nous a été permis de voir ce que perdait cette

---

(1) M. Dubédat.

Société, ce que gagnait la nôtre, et par les regrets de celle-là, nous avons compris la joie confiante de celle-ci. Un autre, plus digne, vous le dira bien mieux encore.

Ainsi tombera, d'elle-même, la petite querelle qu'un dicton suranné faisait à la terre limousine : cette contrée se trouve entièrement réhabilitée pour nous, à l'heure présente, — puisque, après Joubert, elle nous donnait François Sauvage, — et que, après M. Sauvage, elle nous fait cadeau de celui qui, sans être leur frère d'origine, saura continuer les deux premiers dans les saines traditions littéraires.

NOTICE BIOGRAPHIQUE.

M. François SAUVAGE était né à Brives, département de la Corrèze, le 22 septembre 1788, au sein d'une famille justement considérée. — Professeur libre de 1806 à 1820 : en 1806, à Villefranche-d'Aveyron ; — en 1807, à Uzerche (Corrèze) ; — en 1808, à Périgueux ; — en 1809, à Toulouse, où il passa onze années dans l'institution Saint-Martial ; — en 1820, il entra dans l'Instruction publique. — Professeur titulaire de seconde en 1827 ; — professeur de rhétorique en 1829 ; — le 29 novembre 1830, confirmé dans la présentation que la Faculté de Lettres avait déjà faite au choix du Ministre, il est nommé professeur de littérature latine à la Faculté de Toulouse ; — en 1840, doyen de la Faculté des Lettres ; — décoré de la Légion d'honneur en 1844, nommé membre résidant de la Société archéologique en 1831; — Mainteneur des Jeux-Floraux en 1832; — nommé à l'Académie des Sciences en 1838; Associé correspondant de la Société académique de Cherbourg en 1850; — admis à la retraite en 1863; — mort au mois d'octobre 1875 — depuis longtemps officier de l'Université.